香港國際詩歌之夜 *2015*
INTERNATIONAL POETRY NIGHTS IN HONG KONG

W0082217

編輯 Editors

北島 Bei Dao

陳嘉恩 Shelby K. Y. Chan

方梓勳 Gilbert C. F. Fong

柯夏智 Lucas Klein

馬德松 Christopher Mattison

宋子江 Chris Song

中文翻譯：晴朗李寒
English translations by Christopher Mattison

目錄 Contents

格列勃·舒爾比亞科夫
Gleb Shulpyakov

прозрачен как печатный лист,
замысловат и неказист,
живет пейзаж в моем окне,
но то, что кажется вовне,
давно живет внутри меня—
в саду белеет простыня,
кипит похлебка на огне,
который тоже есть во мне
и тридцать три окна в дому
открыто на меня—во тьму
души, где тот же сад, и в нем
горит, горит сухим огнем
что было на моем веку
(кукушка делает «ку-ку»)
—и вырастает из огня
пейзаж, в котором нет меня

它蒼白得像一個印張，
費解而又平常，
這片風景生活在我的窗內，
但是，那彷彿是在外面的，
早已生活在我的內部——
花園中床單閃耀著白光，
爐火上煮沸了稀湯，
它也在我的體內，
樓房上的三十三面窗子
向我打開——在靈魂的
黑暗中，也是那片花園，裏面
燃燒著，燃燒著熊熊的火焰
它曾燃燒在我的世紀
（杜鵑「咕—咕」叫著）
——風景從火焰裏
長出，其中沒有我

a landscape sheer as a printed
page fills my window,
intricate and compelling,
but what appears to be outside
has long lived in me—
sheets whiten in the garden,
pottage boils on the fire,
also within me—
thirty-three cottage windows
open to the depths
of my soul, in that garden,
where what's left of my era
burns, burns with a dry flame
(the cuckoo "coo-coos")—
and a landscape grows from
the flame, in which I am not

человек на экране снимает пальто
и бинты на лице, под которыми то,
что незримо для глаза и разумом не,
и становится частью пейзажа в окне—
я похож на него, я такой же, как он
и моя пустота с миллиона сторон
проницаема той, что не терпит во мне
пустоты—как вода—заполняя во тьме
эти поры и трещины, их сухостой—
и под кожей бежит, и становится мной

一個人在螢幕上脫下大衣
扯掉臉上的繃帶，繃帶下面，
用眼睛看不見甚麼，用理智也是，
他變成視窗風景的一部分——
我像他，我也是這樣，像他
我的空虛來自百萬個方向
它滲透其中，在我的內部無法忍受
空虛——如水——這些孔隙和裂縫，
它們的枯木，充滿了黑暗——
他在皮膚下奔跑，變成我

a man onscreen removes an overcoat,
bandages from a face beneath which
nothing, unbelievably, can be seen,
becomes part of the window's landscape—
I resemble him, I am the same
million-sided void permeating
that which cannot endure this void
in me—like water—filling pores
and fissures in the dark, parched—
shifting under skin, becoming me

гуляет синий огонек
в аллее дачного квартала
—не близок он, и не далек,
горит неярко, вполнакала
как маячок среди стропил
того, кто прошлой ночью эти
на землю сосны опустил
и звезды по небу разметил—
стучит его больной мелок,
летит в небесное корыто,
он это маленький глазок
за дверь, которая закрыта

一顆藍色的星星漫遊
在別墅區的林蔭路上
——它離得不近，也不遠，
不太明亮，微弱地
像兩條橡木間的燈塔
那個，昨夜在大地上
放開了這些松樹的人
在天空中佈置好了星辰——
敲打著他生病的粉筆，
飛向天堂的洗衣盆，
它是這小小的孔洞，
在一扇關閉的門後

a trailing blue light
along a suburban lane
—never that close or far,
burns dimly, warily,
like a beacon in the rafters
who's spent these past nights
lowered onto a bed of pines,
stars dotting the sky—
his bizarre chalk marks
splintering up to a celestial
washtub—this tiny peephole
in the door remains shut

В Деревне

человек остается с самим собой—
постепенно дымок над его трубой
поднимается ровным, густым столбом,
но—перед тем как выйти с пустым ведром,
чтобы элементарно набрать воды,
человек зажигает в деревне свет,
развешивает облака, расставляет лес,
а потом устраивает метель или гром
(в зависимости от времени года)—
в сущности, этот человек с ведром
просто переходит из одного дома в другой—
и остается собой

在鄉間

一個人獨自留下來——
他的煙囪上不斷升起
煙縷,直直的,像濃密的柱子,
但是——此前,當他提著空桶出門,
不得不去打水,
這個人在村裏點亮燈,
分別掛起雲朵,佈置好森林,
然後安排好暴風雪或者雷霆
(這取決於季節)——
現實是,這個人提著水桶
只是從一座房子進入另一座房子——
獨自一人

In the Country

a man remains alone—
smoke rising from his pipe,
steadily, evenly, a dense pillar,
but before heading out with an empty pail,
to rudimentarily fetch water,
the man flips on a light in the country,
clouds hang, the forest spreads,
and a blizzard builds or thunder
(depending on the time of year)—
when in reality, this man with a bucket
simply moving from one house to another
remains himself

в моём углу—бревенчатом, глухом
такая тишина, что слышно крови
толкание по тесным капиллярам
да мерная работа древоточцев—
ни шеи, ни руки не разгибая,
в моем углу я словно гулливер,
то с этой стороны трубы подзорной
смотрю вокруг—то с этой
(меняя мир по прихоти моей)
но слышу только равномерный скрежет
—пройдет еще каких-нибудь полвека,
изъеденный, дырявый—угол мой
обрушится под тяжестью себя
и только *скобы* новый гулливер—
изогнутые временем, стальные
поднимет из травы на свет и скажет
умели строить

在我的角落——原木的，偏僻的角落
如此安靜，甚至聽得清血液
沿著狹窄的毛細血管流動
蛀蟲們有節奏的勞作——
脖子和手臂都無法彎曲，
在我的角落我如同一個巨人，
或者從望遠鏡的這一方
看著四周——或者從另一方
（世界變換，依照我任性的要求）
但我只聽見均勻的咯吱咯吱聲
——再過半個世紀，
遊歷各處的，漏洞百出的——我的角落
在重壓下自行俄羅斯化
而只有新的巨人——
從草叢中舉起被時間彎成弧形的
鋼鐵的把手，向著世界說
人們學會了建設

in my corner—made of logs, muffled—
so silent blood can be heard
pulsing through capillaries,
the rhythmic work of wood borers—
necks and arms that never let up,
in my corner I am like Gulliver—
peering around the side with a
spyglass, and then from over here
(shifting worlds on a whim),
yet all I hear is a uniform grinding,
—it will be another half-century,
corroded, leaking—before my corner
collapses under the weight,
and only a new Gulliver's brackets—
bent by time, steel—
will rise from the grass and say to the world:
they were able craftsmen

Искусство Поезии

Я жил в деревне
и ждал друга.
А он не ехал,
он всё не ехал.
Распутица! И я
бродил один.
В жухлой траве
—в тишине, когда
слышно реку
и как летит птица
я не сомневался:
всему вокруг
—облакам и соснам,
валунам и даже
голубым лужам
(не говоря обо мне)
есть причина.
Что мир кем-то
вызван к жизни.
Но как иной отец,

уходя из семьи,
забывает детей
—так этот *кто-то*
забыл про нас.
Не помнит.

Забытыми
они и выглядели.
Дуб, несущий крону
в пустое небо.
Мокрые собаки.
Тропа, ведущая никуда.
Искрящие провода.
Землеройки.
Даже фонарь и тот
по ночам мигал
морзянкой:
точка-тире, тире—
кого-то звал.
Но кроме меня

никто фонаря
не видел.

...Ночью
было не до сна.
Я выходил.
Вся в вате, луна
лежала на дне
ящика со звездами—
но разве кто-то
слышал как
они бренчат?

Один в поле, я
смотрел на свой дом.
В темноте мне
казалось, в окне,
кто-то есть
(и разливает чай)
—но кто? Ведь я

был здесь.
...Наверное, так
я хотел влезть
в чью-то шкуру.
Но я ошибался
ведь этот *кто-то*
мог и не знать,
что мы существуем.

Оставалось—что?
найти слова и
рассказать всё.
Пусть увидит.
Пусть запомнит.
Кто мы? Что у нас?
—вот удивится!
Как щелкают
эти семечки
—словечки.

詩歌的藝術

我住在鄉間
等著朋友。
他不來，
他一直沒有來。
道路泥濘！而我
一個人遊來蕩去。
在枯萎的草地上
——寂靜中，當時我
聽見河水流動
小鳥飛過
我不曾懷疑：
周圍的一切
——不論雲朵和松樹，
巨大的礫石，甚至
藍色的水窪
（不要提到我）
都有理由。
世界會把某人
召喚向生活。
但是像別人的父親，

離開家，
忘記孩子們
——就是這個某人
忘記了我們。
想不起來。

像被遺忘的人
他們發現了。
橡樹，支撐著樹冠
伸向空洞的天空。
濕淋淋的狗。
小路，不知通往何方。
爆出火花的電線。
鼪鼬。[1]
甚至那只路燈
每逢夜深都像摩爾斯電碼[2]
滴—嗒，嗒——
呼叫著誰。
但是除了我
誰也沒有看到

路燈。

……深夜
無法入睡。
我走出家門。
月亮,整個包在棉絮裏,
和星星們躺在
箱子的底部——
但是難道有人
能聽到
它們的丁當聲?

一個人在田野,我
看著自己的房子。
在黑暗中我
彷彿覺得,窗子裏,
有個人
(在倒茶)
——可他是誰?要知道我
就在這裏。

……也許，我
想這樣鑽進
甚麼人的軀殼裏。
但是我錯了
要知道這個人
可能並不知道，
我們的存在。

留下的——是甚麼？
找尋詞語
並說出一切。
讓他看見。
讓他記住。
我們是誰？我們有甚麼？
——這才值得驚訝！
就像嗑開
這些瓜子
——詞語。

1. 鼩鼱，哺乳動物，毛色灰褐或灰白，形極似鼠，穿穴地
    中而造巢，吃昆蟲、蚯蚓等，有益於農作物。亦稱「鼩
    鼱」；古稱「鼩」或「鼱」。
2. 摩爾斯電碼（又譯為摩斯密碼）是一種發明於1837年
    的信號代碼，通過不同的排列順序來表達不同的英文字
    母、數位和標點符號。

The Art of Poetry

I was living in the country
waiting for a friend.
But he didn't come.
He never arrived.
Impassable roads.
So I wandered alone.
Through frayed grass
—in silence, where
the river's heard
and birds flit.
I never doubted that
everything around
—clouds and pines
boulders and even
blue puddles
(not to mention me)—
was the reason.
That the world calls
someone into being.
And how another father,

withdrawn from family
forgets his children
—as this *someone* also
forgot about us.
Does not remember.

They appeared
neglected.
An oak, nonexistent crown
in an empty sky.
Wet dogs.
The trail leads nowhere.
Sparking wires.
Shrews.
Even the lamp
flickers at night.
Morse code:
dot-dash, dash—
someone's calling.
But no one

else saw
the light.

…Unable to sleep
that night.
I went out.
The moon lay
swaddled at the base
of a box of stars—
did anyone
else hear how
they rang?

Alone in the field, I
peered back at my house.
In the dark
it looked
like someone was
(pouring tea)
in the window

—But who? I
was here.
...Perhaps I
was hoping to climb
into someone else's skin.
But I was mistaken,
that *someone*
might not even
know we exist.

So, what's left to do?
find the words
to start retelling.
Let him see.
Let him recall.
Who are we? What's next?
—surprising!
How to crack
these seeds
into words.

ворона прыгает с одной
тяжелой ветки на другую—
здесь что-то кончилось со мной,
а я живу и в ус не дую,
небытия сухой снежок
еще сдувая вместо пыли
—так по ночам стучит движок,
который вырубить забыли

烏鴉從一根
沉重的樹枝跳到另一根——
這裏有甚麼事物與我完結了，
而我活著，不吹鬍子，
虛無的乾冷的雪花
還在代替灰塵吹著
——就這樣每夜滑板敲擊作響，
人們忘記了把它砍光

a crow leaps from one
heaving branch to another—
something ended here with me,
yet I go on living, not really caring,
the dry snow of nonexistence,
me blowing like dust
—at night, a sputtering engine
they forgot to cut down

качается домик
на белой воде
бульварного неба—
а, может, нигде
—качается
между бульваров
москва *(давно*
опустели москвы
рукава)—одна
по привычке
дворняга нужду
справляет в ее
позабытом углу
(мелькает как облако
жизнь в голове)
—и дальше бежит
по небесной
москве

小房子搖晃
在街心花園
白色的水面上——
啊，也許，沒這個地方
——它搖晃
在街心花園之間
莫斯科 *（莫斯科的*
河又早就
空了） ——一條
看家狗習慣地
在牠被遺忘的角落
撒尿
（生活如同雲朵
在頭腦中閃爍）
——牠繼續向前跑去
沿著令人神往的
莫斯科

a cottage swaying
on the white water
of a dime store heaven—
or maybe nowhere
—swaying
between moscow's
boulevards *(moscow's
sleeves emptied
long ago)*—a single
mongrel, by force
of habit, must
celebrate in a
forgotten corner
*(yes, an entire life
flashing like a cloud)*
—dashes further
through celestial
Moscow

как лыжник, идущий по снегу во тьму,
держу на уме, что не видно ему—
все дальше уходит по лесу лыжня,
все больше того, что в уме у меня;
сосна, как положено древу, скрипит
в ночи на морозе, который сердит;
и лыжник выходит из леса к реке
(я вижу цветные огни вдалеке)
—спускается вниз, и скрипит языка
большая, как память, ночная река

像滑雪者，在黑暗中的雪地上滑行，
我心思重重，看不清他——
滑雪痕跡沿著森林離去得越遠，
我的頭腦中，思緒就越多；
松樹，就像一棵樹那樣，吱嘎作響
在深夜的嚴寒中，生著氣；
滑雪者從森林出來，滑到河邊
（我看見遠方多彩的光焰）
——他向下滑去，牙齒咯吱作響
深夜的河流，巨大，如同記憶

like a skier cuts through snow in the dark,
bearing in mind he remains unseen—
moving further down forest trails,
weighing heavier the further he goes;
a pine tree, as it does, creaks
grows angry in the cold night;
the skier emerges from the forest to the river
(I can see colored lights in the distance)
—descends, and the evening river of language
creaks, as vast as memory

поэзия растет из ничего—
возьмем картину, что
висит против окна
—точнее, момент, когда
на стене появляется тень
от дерева, что растет
за окном—

картина неизменна, хотя
нарисованная река
течет—а тени, наоборот,
то видны, то нет
(в зависимости от облаков)
и мало-помалу
наползают на реку

неподвижна одна
стена, но поскольку она
никому не видна,
(с тем, что на ней)—стихи

о движении / покое,
объекте / субъекте,
искусстве и жизни
(не говоря об окне)
так и останутся не-
написанными

詩歌生長於虛無——
設想有一幅畫，它
懸掛在窗子對面的牆上
——準確說，當時
牆壁上出現了一棵樹的
陰影，它就生長在
窗子外面——

圖畫不會改變，儘管
畫著的河水
在流動——而陰影，相反，
時隱，時現
（取決於那些雲朵）
它們一點一點
在河面上爬行

只有牆
一動不動，但是不一定
誰也看不到它，
（因為是在它的上面）——詩歌

是關於運動／靜止，
客體／主體，
藝術與生活
（別提到窗子）
就這樣留給那些
沒有寫到的事物

poetry grows from nothing—
like a picture
facing a window,
or rather, the moment
shadows appear on the wall
of trees growing
beyond the window—

the canvas remains untouched,
though the sketched river
flows—and the shadows, in contrast,
appear and fade
(depending on the clouds)
floating bit by bit
along the river

a wall is a single fixed
thing, but because
no one sees it
(and what's upon it)—a poem

in motion / rest,
object / subject,
art and life
(not to mention the window)
remains un-
written

моя стена молчит внутри;
на том конце стены горит
фонарь или окно без штор—
отсюда плохо видно, что
я слышу только скрип камней
прижмись ко мне еще плотней
кирпич бормочет кирпичу
—стена молчит, и я молчу

我的牆在內部沉默；
在牆的那一頭亮著
燈光，或是沒有窗簾的窗子——
從這裏看不清楚，
我只聽見石頭的咯吱聲
磚對磚喃喃低語
請把我再夾緊些
——牆沉默，我也不說話

my inner wall keeps silent;
a shadeless window or lamp
burns at the very edge—
from here it's hard to make out,
I can just hear the creak of stones
brick muttering to brick
pull me closer
—my wall keeps silent, and I am still

—n.a.

наших мертвецов
продрогшие виолончели
мы вынимаем из футляров
и день за днем, нота за нотой—
трогая слабые, сухие струны
—вспоминаем, как они звучали

——致 *n.a.*

從匣子裏
我們取出我們亡者的
顫抖的大提琴
一日復一日，音符連音符——
撫摸著鬆弛乾澀的琴弦
——我們回想起，它們從前的演奏

—p.a.

our dead's
frozen cellos
pulled from cases—
day after day, note for note,
weak plucking, dry strings
—we recall their sounds

тебе, невнятному,—тому,
кого уже почти не слышу,
скоблящий взглядом темноту
—и дождь ощупывает крышу,
так понемногу голос твой
футляр, оставшийся от речи
мне, безъязыкому, в глухой—
с тебя наброшенной на плечи

對你，我聽不清楚，——對你，
我幾乎已經聽不見，
我用目光盡力擦淨黑暗
——雨水撫摸著屋頂，
有些像你的嗓音
那從話語留下的套子
給了我，給了不能說話，耳聾的我——
被從你的肩上拋到我的肩上

you, nearly inaudible—
I can barely hear you,
scanning the dark—
rain tripping over the roof,
and bit by bit your voice
remains only in boxes of speech—
I'm mute, in these depths
you've passed me to bear

ревет и грохочет на привязи лодка

ночного причала, и тьму околотка,

точнее, окрестностей архипелага,

сжимает, как землю в карманах, салага

—и между землею и небом, как остров,

точнее, как необитаемый остов,

плывет, раздвигая соборы из мрака

апостола павла—апостола марка

一隻拴緊的船發出吼叫與轟鳴，
深夜的碼頭上，周圍的黑暗被擁緊，
確切說，是四周群島的黑暗，
如同口袋裏的泥土，年輕的水手被擁緊，
——大地與天空之間，它就像一座小島，
確切說，更像是荒無人煙的小島，
漂浮著，從昏暗中推開
使徒保羅——使徒馬可的教堂

a tethered boat groans and rumbles
an evening berth, a neighborhood gone dark,
or rather, the adjacent archipelago
shrinks, like pockets of earth, a green sailor
—between earth and sky, like an island,
or, more precisely, a deserted skeleton,
sails, pressing cathedrals through the dark—
paul the apostle—the apostle mark

Армянский Триптих

1

арарат—
шапку твою из рукава достану,
на брови надвину—
никто не заметит

2

выйду на лестницу—
первая травой заросла, вторая из камня,
а на третьей снег не сошёл
—ереван мой

3

берег есть, а воды нет
храм на берегу есть—берега нет
небо над храмом есть, храма нет
отдай, что взял—севан!

亞美尼亞[1] 三章

1

亞拉拉特[2]——
我從袖口探手夠到你的帽子，
拉至眉毛上——
誰也不能發現

2

我走上階梯——
第一個雜草叢生，第二個石頭所建，
而第三個雪沒化盡
——我的葉里溫[3]

3

有岸，無水
岸上有寺院——無岸
寺院上空有天——無寺院
請把拿走的，還給我吧，——塞凡[4]！

1. 亞美尼亞共和國是一個位於歐亞交界高加索地區的國家，也是在蘇聯解體之後獨立的眾多共和國之一。
2. 亞拉特山 (Mount Ararat，阿拉臘山) 俯瞰著亞美尼亞的首都，同時也是該國之精神象徵，《創世記》一書中記載，諾亞方舟在大洪水後，最後停泊的地方就在亞拉拉特山上。
3. 葉里溫 (Yerevan)，是亞美尼亞共和國的首都和經濟、文化中心，外高加索古城之一。
4. 塞凡湖是高加索最大的高山湖泊。離葉里溫六十公里，是著名遊覽勝地。

Armenian Triptych

1
ararat—
I pull down your cap
from a sleeve donning dark
brows so no one will see—

2
go out on the stairs—
the first overgrown in grass, the second stone,
and snow upon the third
—my Yerevan

3
there is a shore, but no water
a cathedral on the shore, but no shore
sky above the cathedral, but no cathedral,
return what's been taken—sevan!

Прадо

Мясные ряды Рубенса.

Битая птица Гойи, перья испачканы грязью.

Креветки Босха, требуха Брейгеля—

кипят, бурлят в огромных чанах.

Вяленая рыба Эль Греко.

Между прилавков снуют карлы, буффоны.

«Педро Ивановиц Потемкин» в меховой шапке.

Крики, конский топот, лязг металла—

все сливается в один базарный грохот.

Только в полотняных рядах Рафаэля тихо—

ветер играет голубым отрезом.

И снова стук, скрежет, брань.

Отрубленное ухо кровоточит на пол.

«Взяли, поднимаем!»—кричит кто-то

    простуженным голосом.

В небе медленно вырастает силуэт креста.

                Всё замирает.

В эту бесконечную секунду тишины

слышно как в пещере потрескивает огонь.

Плеск весла на переправе.

Шелест инкунабулы Иеронима

и стук прялки.

...На следующий день мы проснулись рано

и целовались в постели, не размыкая веки,

как летучие мыши. Два рисунка

—два наброска на холсте Мадрида.

Картина, которую никто никогда не увидит.

普拉多 [1]

魯本斯的一排排肉案。
戈雅打碎的鳥，羽毛粘滿血污。
博斯 [2] 的小蝦，勃魯蓋爾的內臟──
在巨大的桶裏沸騰，翻滾。
埃爾·格列柯 [3] 的乾巴魚。
侏儒和小丑在櫃檯間往來穿梭。
「佩德羅·伊萬諾維茨·波將基」 [4] 戴著皮帽子。
人聲喧噪，馬蹄雜遝，金屬叮噹──
一切都攪拌進一個集市的轟鳴聲中。
只有在拉斐爾的亞麻布攤上一片安靜──
微風像藍色的布料吹拂。
又是敲打聲，摩擦聲，吵罵聲。
割掉的耳朵在地上流著血。
「抓住了，抬起來！」有人用感冒的嗓音叫嚷。
天空中緩緩出現十字架的剪影。

一切都沉寂。

在這無限的寂靜的一秒鐘裏
聽得見火焰在山洞中劈啪作響。
渡口上船槳的擊水聲。
希羅尼穆斯的古版書窸窸窣窣，
紡車吱呀。

第二天我們早早醒來

眼皮沒睜開，就在被窩裏親吻，

像蝙蝠。像兩張畫

——馬德里油畫布上的兩張草圖。

這畫面，任何人從來都沒見過。

譯註：
1. 普拉多博物館 (Prado)，建於十八世紀，位於馬德里，被認為是世界上最偉大的博物館之一，亦是收藏西班牙繪畫作品最全面、最權威的美術館。
2. 希羅尼穆斯‧博斯 (Hieronymus Bosch，1450-1516)，荷蘭畫家。他富有想像力的畫作充滿了荒唐的形式和怪異的象徵主義。
3. 埃爾‧格列柯 (El Greco, 1541-1614，「希臘人」) 出生於希臘的克里特島，原名多明尼克斯‧希奧托科普羅斯，是西班牙文藝復興時期著名的幻想風格主義畫家。
4. 即彼得‧伊萬諾維奇‧波特金 (1617-1700)，俄羅斯外交官，軍事領導者。

Prado

Butcher stalls of Rubens.
Goya's beaten birds, feathers daubed in mud.
Bosch's shrimp, Brueghel's entrails—
seething, boiled in enormous vats.
El Greco's dried fish.
Dwarves scurry between the counters, buffoons.
"Pedro Ivanowitz Potemkin" in a fur hat.
Shouting, the clatter of horses, clanging metal—
everything merging in the din of a single bazaar.
Raphael's rows of linen the sole calm—
wind playing in the sky-blue lengths.
And then another thump, gnashing, curses.
A severed ear bleeds onto the floor.
"Hoist it up!"—someone shouts in a gruff voice.
A cross's silhouette emerges in the sky.

                     Everyone stops.
The sound of a flame crackling in a cave
echoes over this infinite moment of silence.
The splashing of oars fording a river.

Hieronymus's rustling incunabula
and the rumble of spinning wheels.

...We woke early the next day,
kissed in bed, not opening our eyes,
like bats. Two drawings,
two sketches on the canvas of Madrid.
A painting no one will see.

во мне живет слепой, угрюмый жук;
скрипит в пустой коробке из-под спичек
шершавыми поверхностями штук
хитиновых—и кончиками тычет—
ему со мной нетесно и тепло
годами книгу, набранную брайлем,
читать в кармане старого пальто,
которое давным-давно убрали

在我體內住著一隻瞎眼的、憂鬱的甲蟲；
在空空的火柴盒裏吱吱作響
這明角質的小精靈
用粗糙的體表——用頭尾亂戳——
牠不與我擁擠，很溫暖
年復一年地，閱讀一本盲文排版的書，
在一件陳舊的大衣口袋裏讀，
這件大衣已被人收起來很久很久

a grim blind beetle lives in me;
chattering in an empty box of matches,
bits of rough chitin
—edges jutting out—
he feels warm and free within,
reading a book set in braille, year after
year, what was removed so long ago
from an old coat pocket

Пальто

набрасывается на человека—
обрывает ему пуговицы, хлястик;
выкручивает рукава и карманы—
трёт / мнёт / рвёт / режет
а потом выбрасывает на вешалку,
и человек висит в кладовке—
забытый, никому не нужный
—и тяжело дышит,
высунув розовую
подкладку

大衣

它猛然撲向人──
它的四周被挖出扣眼，拴上扣帶；
挽起衣袖，翻開口袋──
摩擦／揉搓／撕扯／切割
然后它被扔到衣架上，
被人掛到小貯藏室──
它被遺忘，誰也不需要
──它沉重地喘息，
吐出粉紅色的
襯裡

Coat

leaps onto a person—
tears at his buttons and belt;
rips out sleeves and pockets—
squeezes / plucks / slashes / cuts
drapes him on a hanger
hanged in the closet, forgotten—
someone nobody needed
—struggling to breathe,
lolling at the pink
lining

старых лип густая череда
гнезда в липах словно черепа—
тихо наверху во тьме стучат:
завтра будет сильный снегопад
а пока на небе карусель,
плещет в небе стая карасей,
комья по настилу, гром копыт—
я стою, зима во мне летит

一排濃密古老的椴樹
椴樹上的鳥巢如同顱骨——
在上面的黑暗中輕輕敲打:
明天會有一場暴風雪來臨
而此刻空中是旋轉木馬,
空中是盤旋的鯽魚群,
一團東西沿鋪平的面滾動,蹄子的轟鳴——
我站著,冬天在我體內飛翔

a thicket of aging lime trees,
nests like skulls in the limes
knock faintly overhead in the dark:
tomorrow there'll be heavy snow,
as the carousel in the sky
splashes like schools of carp,
slumps to the floor, thundering hooves—
I hold firm, winter soars within

Мой Стих

слепой как птица на ветру,
облепленный пером
чужих имен—как вкус во рту,
который незнаком—
на вечном обыске, по швам
всё ищет край времен,
как много будущего—*там*
как холодно мне в нем

我的詩

它盲目如樹枝上的小鳥，
羽毛緊裹在身上
陌生的名字——如同嘴裏的味道，
那樣陌生——
在永恆的探尋中，沿著縫隙
大家都在尋找時間的邊緣，
那麼多的未來——*在那裏*
我感覺裏面是多麼寒冷

My Poem

blind as a bird on the wind,
foreign names plastered
in pen—like some unfamiliar
taste, an eternal
search at the seams,
reaching for an edge,
so much future—*there*
as cold as within me

что напишет под утро снежком,
я уже научился читать—
ковыляет старуха с мешком,
а могла бы как птичка летать
—по такому снежку не спеша
хорошо до никитских ворот
а старуха из-за гаража
—и качается стая ворон

凌晨以雪花寫下的，
我已經學會了閱讀——
一位老婦背著口袋跛行，
她本來可以像只小鳥般飛翔
——在這樣的小雪中不必著急
很快會走到尼基京大門
而這位老婦從車庫裏走出來
——一群烏鴉在晃動

what's written in the morning snow
I've long known how to read—
an old woman hobbling with a bag
might soar like a bird,
but in this snow life's just a short
walk to Nikitsky gate,
from the old woman by the garage
—a flock of crows bobbing along

человек состоит из того, что он ест и пьет,
чем он дышит и что надевает из года в год
—вот и я эту книгу читаю с конца, как все;
затонувшую лодку выносит к речной косе,
ледяное белье поднимают с мороза в дом
и теперь эти люди со мной за одним столом;
тьма прозрачна в начале, и речь у нее густа—
открываешь страницу и видишь: она пуста

人之為人，因為他吃，他喝，
他呼吸，一年到頭穿著衣服
——我把這本書從結尾讀起，像平時一樣；
他把沉船移到河灘上，
他們把凍結的床單和內衣從嚴寒中拾到屋裏
如今這些人和我坐在一張桌子前；
黑暗在最初是透明的，它的言語也密集——
你打開一頁，看到：它是空白的

man is made of what he eats and drinks,
breathes in, puts on over the years,
—and like everyone else, I read the book from the end;
a sunken boat carried off to a braided river,
frozen sheets rising from frost in the house,
and these people now sitting with me at the same table;
in the beginning, transparent darkness and dense speech—
you open a page only to find it's blank

где этот птичий гомон, где
всё билась о причал
доска на каменной воде
—и вся ее печаль,
куда пропали, побросав
костюмы, господа,
зачем на веслах старый граф—
и в сапогах вода,
стучат на лавках в домино,
летит на борт канат
—там будет вечное кино
и желтый лимонад,
а здесь железная трава
и мокрое бельё
полощет в небе рукава
—и зарастет быльём

那裏有鳥雀的嘈雜，那裏
一塊板子在寧靜的水面上
一直擊打著碼頭的停靠處
——這是他全部的痛苦，
扔到了那裏，像甩掉
衣服，先生們，
為甚麼年老的伯爵站在船槳上——
靴子裏灌滿水，
在長凳上敲打著多米諾骨牌，
纜繩飛向船舷
——那裏將是永恆的影院
和黃色的檸檬汽水，
而這裏是鐵絲般的野草
和潮濕的床單
衣袖在天空中飄揚
——像生活一樣四處生長

where chattering birds, where
a plank beat against the mooring
over stoned water
—all of her sorrow,
where they disappeared, abandoning
their costumes, gentlemen,
why is an old count rowing—
with water in his boots,
dominos rapping on benches
ropes flying on board
—there'll be an eternal movie
and yellow lemonade,
while here, steel grass
and damp clothes
whip sleeves in the air
—heal tales

格列勃・舒爾比亞科夫，生於1971年，畢業於莫斯科國立大學新聞學系，現居莫斯科。他的第一部詩集《彈指》（2001）獲得「勝利詩歌獎」。他也曾出版過遊記隨筆《格拉巴酒人》（2002）和《叔叔的夢》（2005），小說《希南之書》（2005）、《海嘯》（2008）和《非斯》（2010）。他創作的戲劇《普希金在美國》贏得「2005劇中人」大獎。他已把泰德・休斯、羅拔・哈斯的詩，以及威斯坦・休・奧登的散文翻譯成俄文。他的第二本詩集《橡實》出版於2007年，詩集《防火箱》入選2012年「最佳翻譯書籍獎」候選名單。他最近出版的詩集是《給雅庫布的信》（2012，英譯版2014），目前正在寫下一本詩集《打字機上的詩》。

出版 Publisher
香港中文大學出版社 The Chinese University Press

封面影像 Cover Image
北島 Bei Dao

出版日期 Date of Publication
二零一五年十一月 November 2015

國際書號 ISBN
978- 962- 996- 731- 4

香港國際詩歌之夜 2015 International Poetry Nights in Hong Kong 2015
主辦單位 Organizer
香港中文大學文學院 Faculty of Arts, The Chinese University of Hong Kong

協辦單位 Co-organizers
香港中文大學中國文化研究所
Institute of Chinese Studies, The Chinese University of Hong Kong
香港中文大學出版社 The Chinese University Press
香港兆基創意書院 HKICC Lee Shau Kee School of Creativity
廣州時刻文化傳播有限公司 Moment Communications

贊助 Sponsors
香港法國文化協會 Alliance Française de Hong Kong
上海廿一文化發展有限公司 Shanghai 21 Culture Promotion Co., Ltd.
中國會 The China Club
香港文學出版社有限公司 The Hong Kong Literary Press Co. Limited
斑馬谷文化發展 (北京) 有限公司 Zebra Valley Culture Development

Printed in Hong Kong